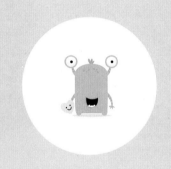

Be Yourself:
Why It's Great to Be You

了不起的你

有个性的你才有趣

(英)波皮·奥尼尔(Poppy O'Neill) 著
蔺秀云 王婉睿 王雪迪 译

全国百佳图书出版单位
化学工业出版社
·北京·

Be Yourself: Why It's Great to Be You by Poppy O'Neill
ISBN 9781787836082

Copyright © 2020 by Summersdale Publishers Ltd. All rights reserved.

Authoized translation from the English language edition published by arrangement with Summersdale Publishers Ltd.

本书中文简体字版由Summersdale Publishers Ltd. 授权化学工业出版社独家出版发行。
本书仅限在中国内地（大陆）销售，不得销往中国香港、澳门和台湾地区。未经许可，不得以任何方式复制或抄袭本书的任何部分，违者必究。

北京市版权局著作权合同登记号：01-2021-5835

图书在版编目(CIP)数据

有个性的你才有趣/（英）波皮·奥尼尔（Poppy O'Neill）著；
蔺秀云，王婉睿，王雪迪译.—北京：化学工业出版社，2022.4（2025.5重印）
（了不起的你）
书名原文：Be Yourself: Why It's Great to Be You
ISBN 978-7-122-40621-7

Ⅰ.①有… Ⅱ.①波…②蔺…③王…④王… Ⅲ.①心理健康-健康教育-少儿读物 Ⅳ.①G444-49

中国版本图书馆CIP数据核字（2022）第014378号

责任编辑：赵玉欣　王　越　高　霞　　　装帧设计：尹琳琳
责任校对：宋　玮

出版发行：化学工业出版社（北京市东城区青年湖南街13号 邮政编码100011）
印　　装：中煤（北京）印务有限公司
880mm×1230mm　1/24　印张5³⁄₄　字数154千字
2025年5月北京第1版第5次印刷

购书咨询：010-64518888　　　　售后服务：010-64518899
网　　址：http://www.cip.com.cn
凡购买本书，如有缺损质量问题，本社销售中心负责调换。

定　　价：29.80元　　　　　　　版权所有　违者必究

序

我自己抚养两个女儿的经历，以及与众多年轻来访者一起工作的经验，让我清楚地感受到现阶段许多孩子正因缺乏自我价值感而在生活中遭受巨大的痛苦。孩子们面临着许多压力，这些压力会影响他们对自我价值的认同。如果与自我失去积极的联结，孩子最终会感到非常低落、孤独和不自信。

由波皮·奥尼尔（Poppy O'Neill）撰写的《有个性的你才有趣》是一本实用的指南和自助手册。该书为孩子提供了明确的、积极的肯定，并且以一种对孩子极具吸引力的方式进行阐述——将一个友善的小怪兽引入阅读之旅。这本书富含有趣的练习，无论父母或照料者是否在身旁，孩子都可以按照自己的节奏进行阅读。

这本书帮助和支持孩子们建立更牢固、更健康的自我关系，发展自我意识和自我接纳能力，从而学会理解自己与他人，了解是什么想法和信

念阻碍了自己的发展。本书以共情的方式让他们理解自己的经历和感受是正常的,而且他们并不孤单。最重要的是,他们将学会尊重自己以及他人的独特性。随着对自己看法的转变,孩子的自尊心会日益增强,并养成新的良好习惯,这将使他们终身受益。

阿曼达・阿什曼－维姆普思(Amanda Ashman-Wymbs)
心理咨询师、精神分析师

目 录

写给父母的话 / 001

写给孩子的话 / 005

你眼中的自己什么样？ / 007

练习：介绍一下自己吧 / 010

练习：如果我是小动物 / 011

练习：列出我的闪光点 / 012

喜欢自己还是讨厌自己 / 013

找不到自己的优点怎么办？ / 015

练习：画出我对自己满意的地方 / 017

练习：画出我想改变自己的地方 / 018

练习：感受乱作一团的趣味 / 019

练习：我的迷彩服 / 020

想成为别人怎么办？ / 021

练习：我喜欢和谁待在一起 / 023

练习：我最喜欢的东西是什么 / 026

练习：我喜欢别人身上的哪一点 / 027

练习：别人会喜欢我身上的哪一点 / 028

练习：帮助格鲁欣赏他的与众不同 / 029

不喜欢自己怎么办？ / 031

练习：把消极的想象变成友善的对话 / 033

练习：用画手印来恢复平静 / 037

练习：回想我的闪光时刻 / 039

练习：发现生活中的美好 / 040

不敢做自己怎么办？ / 041

练习：想象我是一只小乌龟 / 042

练习：穿一条"积极的"手链 / 043

练习：谁是故事里的主角 / 046
练习：勇敢地表达感受 / 050
练习：坚定地说"不" / 054
练习：记录每天的心情 / 056

别人说你不好看怎么办？ / 058

练习：我的自画像 / 061
练习：远离伤害自己的人 / 063
练习：努力平静下来 / 067
练习：列一份"快乐互动"清单 / 068

和朋友闹别扭了怎么办？ / 070

练习：格鲁感觉怎么样 / 072
练习：我和朋友的相同和不同 / 075
练习：真诚又温柔地说出难以开口的话 / 078
练习：勇敢地为错误道歉 / 080
练习：及时按下争论的"暂停键" / 082

感觉不幸福怎么办？ / 087

练习：照顾好身体才会能量满满 / 090
练习：做自己最好的朋友 / 100
练习：别怕去寻求帮助 / 103
练习：尝试随处可用的放松技巧 / 105

向未来出发！ / 108

练习：想象我将要做的事 / 110
练习：找到我的快乐基地 / 112
练习：友好地和自己对话 / 115
练习：填满我的激励盒子 / 119
练习："爱自己"的行动计划 / 125

致父母：还可以做些什么 / 128

写给父母的话

所有的孩子（甚至还有很多成年人）有时需要努力才能做真实的自己。在任何年龄阶段，为自己挺身而出都是一件很困难的事情。而对于孩子来说，当他们觉得自己无法适应环境时，做自己就更困难了。这本书使用简单、好玩的活动以及儿童心理学中的方法，来帮助孩子发展自我价值感，并让他们更自在地生活。

你可能已经注意到，孩子似乎很敏感，或者过于在意与同龄人的相处。有时，无论你怎么强调他们的优秀之处，他们都还是想变成别人！

本书面向5~12岁的儿童，这是一个在思想、身体、学业和社交生活等方面都发生着巨大变化的快速发展的阶段——所有这些都会对他们仍在形成的自我价值感产生影响。他们将第一次经历考试、结交亲密的朋友，随着对自己身体认识的发展，他们可能会开始将自己的吸引力与他人进行比较。5~12岁也是一些孩子第一次体验社交媒体、青春期和同伴压力的阶段。孩子们开始意识到哪些特征和体型是"受欢迎的"，哪些是"不受欢迎的"。在这个阶段，有些孩子可能需要通过别人的帮助

来保持健康的自我价值感，这是可以理解的。

因此，如果你觉得孩子可能正在遭受自我价值感低的痛苦，并且正在努力挣扎着做自己，请放心，你并不孤单，并且你有能力帮助他们。

自我价值感低的信号

为了帮助你确定孩子是否自我价值感较低，请注意孩子是否有以下习惯：

- 将自己同他人比较
- 对自己要求过于严格
- 似乎对自己没有信心，并且无法做出选择
- 非常关心他人对自己的看法
- 深受同伴压力的影响
- 变得傲慢，以掩饰低自我价值感
- 似乎不愿意接受新的挑战

当你注意到这些迹象时，试着记录下来。可能是某个特定的情景、地点或人导致孩子的自我价值感大幅下降。这样你就可以更好地帮助他。

重要的是要记住：帮助孩子舒服地做自己，这件事无论

什么时候开始都不晚。

我们对孩子影响深远

我们谈论自己的方式，对孩子如何看待自己有着巨大的影响。就像海绵一样，孩子从他们观察到的家庭中的成年人身上吸收并学习如何思考和谈论自己。

因此，开始与孩子谈论自我价值的最佳方式是善意地谈论自己。也许你可以告诉他们一些你引以为豪的事情，并将其与他们自己的一些事情联系起来。养成赞美外表以外的事物的习惯——比如孩子自己选择或创造的东西、善意或勇敢的行为……让他们出于各种原因自我感觉良好。询问他们感兴趣但你不熟悉的事情——让他们成为专家并尊重他们的审美和选择。

如果有什么特别的事情让你的孩子感到沮丧，试着温柔地帮助他们进行批判性思考。问一些挑战消极世界观的问题，例如："如果你原本就很完美怎么办？"

建立自我价值感和健康的自我意识是一种习惯的形成，而不是快速的转变。因此如果你没有得到立竿见影的效果，请不要着急、恐慌或批评孩子。学习如何做自己所带来的好处，将使你的孩子终身受益！

如何使用这本书

向你的孩子介绍这本书,让他们自己设定阅读节奏。他们可能喜欢与你一起阅读或独立阅读。无论以哪种方式学习,试着让他们谈论自己学到的东西,以及他们对此的想法和感受。

书中的这些活动旨在让孩子们思考他们和周围世界是怎样联系在一起的,以及鼓励创造力和肯定差异性。当孩子感到自己很安全时,他们能更好地应对日常生活中的挑战。让他们知道你爱他们、支持他们,并且你相信他们了解自己的想法。

我希望这本书能帮助你的孩子自由而舒适地做自己,使他们能够更好地了解自己的思想,以及那些可能会削弱自我价值感的事物。但是,如果你非常担心孩子的自我形象和心理健康,建议寻求专业医生的帮助。

写给孩子的话

这些迹象表明你可能缺乏自信：

- 对做自己感到害羞或尴尬
- 很难说出自己的真实想法和感受
- 觉得自己不如别人
- 担心自己和其他人很不一样

如果你有时候是这样，或者一直都是这样，那么你不是唯一的一个。这本书是写给那些难以做自己的人，里面有各种练习和思考，这些练习和思考可以帮助你感觉更自在，并且提高自我价值感。

你可以通读本书，试着按自己的节奏做一做书上的练习……别着急，慢慢来！在阅读过程中，可能会有一些内容让你想和信赖的大人谈论，这是很好的。这本书是关于你的，所以没有错误的答案。你是最懂自己的专家，而这本书就是为了让你看到，成为你自己是多么美妙！

你好,我是格鲁,很高兴见到你!我将陪伴你完成本书中的练习——让我们开始吧。

你眼中的自己什么样？

具有强烈的自我价值感意味着感觉自己还不错。这听起来很简单，但对于我们中的某些人来说可能很难！当具备较高的自我价值感时，我们会喜欢自己，并且清楚自己值得享有很好的生活，例如被公平对待、被倾听和被善待。

　　现在，我们将开始一起学习更多有关自我价值感的内容，了解是什么让我们成为如今的自己。

我们可能很难分辨出一个人是不是自我价值感很低，因为同样缺乏自我价值感的两个人，行为方式却可能截然不同。

对于某些人来说，"随大溜"会让他们感到更轻松、更舒服——他们会假装喜欢、假装思考或者假装对某些事物感兴趣。

有些人可能会试图强迫别人同意他们的观点——这也是自我价值感低的一种表现。当一个人试图控制别人时，说明他不能真的确定自己是对的，才会通过改变别人来使大家达成一致。

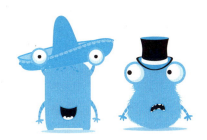

你发现了吗？上述两种思考和行动方式都有共同的原因——他们不确定自己与别人的不同是可以被接受的。

展现自己的独特之处，并为之自豪，这需要很大的勇气。做自己，也要让别人做他们自己，并敢于接纳自己与别人的不同。

练习：介绍一下自己吧

你能完成下列句子，让格鲁更好地了解你吗？如果你卡住了，可以跳过它，继续回答下一个问题。

我的名字是_____。
我_____岁了。
我的家人有_____。
我的朋友是_____。
我的头发是_____。
我的身体是_____。
我的想法是_____。
我的家是_____。
让我感到快乐的事情是_____。
让我感到烦恼的事情是_____。
让我感到生气的事情是_____。
让我感到担心的事情是_____。
让我感觉很好的事情是_____。
让我感到难过的事情是_____。
我最喜欢做的事情是_____。
我最不喜欢做的事情是_____。

练习：如果我是小动物

如果你是一只动物，你会是哪种动物？把它写下来或画出来吧！

我会是一只_____，

因为_____。

我看起来是这样的：

> 想想你会选择成为哪种动物，并创作一些关于它的画或玩偶，你将有机会了解自己的个性以及你是如何看待自己的。

练习:列出我的闪光点

你最喜欢自己的哪些方面?完成下面的句子——想写多少就写多少!

我喜欢自己,因为我能够_____。

我喜欢自己,因为我是_____。

我喜欢自己,因为我有_____。

喜欢自己还是讨厌自己

讨厌自己的感觉是这样的：

- 感觉自己不如别人
- 把世界看成是一个不友好的地方
- 不友善地与自己对话
- 当有人对你说好话或赞扬你时，你不相信他们
- 不论是独自一人还是与朋友在一起，都感到不舒服
- 看到一切事物最糟糕的一面
- 拼命想讨好别人
- 希望别人对他们的与众不同感到难过
- 犯了一个小错误就感觉很糟糕
- 通过改变或撒谎让自己适应

喜欢自己的感觉是这样的：

- 感觉自己是个好人
- 感到自信
- 既享受独处的时光，又享受与他人共处的时光
- 把世界看成是一个友好的地方
- 有好事发生时感到快乐——无论事情的大小
- 经常鼓励他人
- 尊重他人的与众不同和自己的与众不同之处
- 友善地与自己对话
- 接受自己会犯错这件事并从错误中学习

找不到自己的优点怎么办?

我们每个人都有优点——对你来说，也许是你的头发很好看，也许是你有擅长的爱好，也许你是一个好哥哥或好姐姐……真的可以是任何事情！当我们想到这些事情时，或者当别人注意到并评论这些事情时，我们通常会感到高兴。

但每个人也都有令自己感到尴尬或害羞的事情，甚至希望这些事情不是真的。同样，这也可能是任何事情——包括我们看到的、想到的、感受到的或者做过的事情。想到这些事情时，我们会感到伤心；当有人注意到这些事情时，即使他们不是故意这样不友善，我们也会感到尴尬甚至受伤。

练习：画出我对自己满意的地方

在下面这个人形轮廓图上标出一些让你容易对自己感到满意的地方——让你觉得做自己很开心，以及你喜欢别人注意到的地方。例如，我很有趣、我很聪明、我有一双明亮的眼睛……（记住：没有错误的答案。）

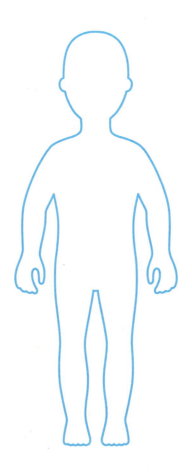

练习：画出我想改变自己的地方

现在，你可以在阴影部分标出一两个你想要隐藏或者改变的地方吗？你是最了解自己的专家，所以可以写下你想到的任何内容。

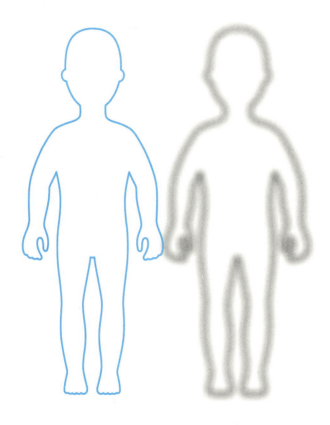

现在，你的感觉如何？这可能很容易，也可能很难，都没关系——你做得很棒！

练习：感受乱作一团的趣味

现在，这个页面是崭新的、空白的、完美的——也是很无聊的！你能把它弄乱一点，让它更有趣吗？在上面涂涂画画吧！

当我们放任自己乱作一团，并且不用过分担心事情的结果时，令人惊奇的事情就发生了。这是我们最具创造力和想象力的时刻。当我们不去追求完美时，无论做什么事，都可以自由地尝试并且能够做真实的自己。

练习：我的迷彩服

许多动物会使用伪装来使其他动物更难注意到它们。比如变色龙和章鱼，为了融入周围环境甚至会改变皮肤的颜色！有时，每个人都会做一些事情来帮助自己适应环境。对于人类来说，这可能意味着穿得和别人一样，为你觉得不好笑的笑话大笑，甚至是在你不舒服的时候告诉别人你很好。

每当你想融入周围环境时，请给下面的迷彩涂上颜色。

想成为别人怎么办？

你可能认为某种特定类型的人是"最好的"。"他"可能是你在现实生活中认识的人,或者是一位名人,或者是你认为自己"应该"成为的"那个人"。

事实上,在地球家园生活着的70亿人都是独一无二的。我们每个人的外表、思想、感觉和行为都有自己的独特之处。而且,每个人对"完美"的人是什么样的都有不同的看法——有的人可能不喜欢自己的卷发,觉得直发才是完美的;而在其他人眼中,卷发却是最好看的发型。

没有人能像你一样,这就是你的魅力所在。在这一部分,我们将学习对自己和他人更友善的思维方式。

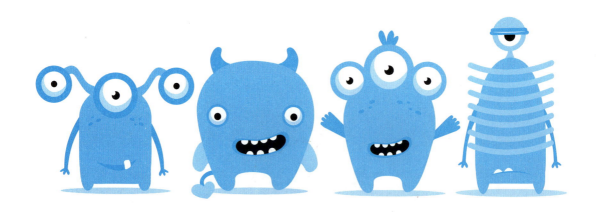

练习：我喜欢和谁待在一起

我们对自己的感觉取决于很多因素——和谁在一起、周围发生的事情、有多少精力，等等。记住这一点很重要：不论如何，你值得被善良和温柔地对待。所有人都是如此。

有没有什么人、什么地方或什么事情让你感到不舒服？你能写在这里吗？

现在，让我们一起赞美那些帮助我们成为真正的自己，并让我们感觉良好的人、地点和事物吧！

将它们画在下面的画框里，或者把它们的照片剪下来粘贴上去：

每个人都拥有独特的外貌、体型和肤色，喜欢不同的物品，思考着不同的事情，做出不同的选择。

我们每天都能从电视、书籍、身边的人、广告和网络上获得关于你"应该"有什么感觉，"应该"喜欢什么男孩和女孩，"应该"如何去思考、行动和感受的信息。事实上，你不需要相信这些！虽然你是男孩，但并不意味着你必须喜欢"男孩的东西"；虽然你是女孩，但并不意味着你必须喜欢"女孩的东西"。你可以喜欢"你的东西"。

练习：我最喜欢的东西是什么

你最喜欢的东西是什么？你的喜好是独一无二的，不必勉强自己喜欢别人喜欢的东西！

有时你可能会觉得你"应该"喜欢或享受某些东西，因为很多同龄人都喜欢它们，或者电视或互联网上的广告让它们看起来很酷——和别人喜欢一样的东西是可以的，喜欢不同的东西也是可以的！只要它是你喜欢的东西就好！

我最喜欢的歌是_____。

我最喜欢的颜色是_____。

我最喜欢的衣服是_____。

我最喜欢的书是_____。

我最喜欢的电视节目是_____。

我最喜欢的游戏是_____。

我的很多朋友都喜欢但我不喜欢的东西是_____。

练习：我喜欢别人身上的哪一点

有时候，你可能发现自己在和同龄的或年长的孩子作比较。你欣赏别人身上的哪一点？你想拥有他们身上的哪些特点？把它们写在这里：

将自己和别人比较是很自然的事情，每个人都会这么做，即使是那些看起来很完美的人也会这样！但是当这种比较让你感觉不舒服，让你想要改变自己，或者让你想要对别人不友善时，它就变成了一个问题。

练习：别人会喜欢我身上的哪一点

你能想到别人可能会欣赏你的哪些地方吗？在下面的空白处写下它们，想写多少就写多少！

我们都有不同的长处和不同的烦恼！记住这一点：你就是你，不必改变自己！

练习：帮助格鲁欣赏他的与众不同

就像你一样，格鲁也是非常独特的！它的想法、感受、喜好、长相，以及它做出的选择共同让格鲁成为一个独一无二的小怪兽。

但是和所有人一样，格鲁也会对一些事情感到害羞。

你能说些什么来帮助格鲁感觉好一些吗？在泡泡中写一些友善的话，帮助格鲁更加接受自己吧！

回想一下那些让你感到害羞的事情，也正是它们让你觉得自己与众不同——如果能接受并善待这些特点，我们对自己的感觉也会越来越好。

不喜欢自己怎么办？

想象一下，有一个人时刻在陪着你，对你所做的事、所说的话、你的外表和你的感觉都进行评价。

如果那个人是善良的、温柔的、擅长鼓励的，像一个最好的朋友，那会是什么感觉？

如果那个人刻薄、粗鲁、恃强凌弱呢？

我们的头脑里就有一个这样的小人儿，我们的自言自语就是在与"他（她）"对话。通过练习，我们可以让这个小人儿更温柔友善，可以把他（她）变成最好的朋友。

练习：把消极的想象变成友善的对话

你能想到哪些对自己不友善的想法？如果你愿意，可以把它们写在这里：

_____
_____
_____
_____
_____
_____
_____

你能想到一些好听的话吗？把它们说给自己：

_____
_____
_____
_____
_____
_____
_____

大脑很神奇——它想知道所有的事情！当我们不能确定一件事情的时候，大脑也会编造一个故事来解释它。

举个例子，如果你经常和一位特别的朋友见面，但是有一天他没有出现，大脑可能会告诉你：

- 💙 他不再喜欢我了
- 💙 也许他今天不上学
- 💙 他在和其他朋友一起玩儿，不理我了
- 💙 他一定迟到了——我再等一会儿

这些解释不可能都是真的！大脑编造的故事通常和我们对自己的感觉有关，而并不是实际发生了什么。你能选择一个更友善的解释吗？

如果大脑编造了消极的故事也没关系——我们可以告诉自己，那并不是真的，然后试着选择一个更积极的故事；也可以寻找一些事实证明消极的故事是假的，比如，朋友昨天对你说了很友善的话，你们成为朋友很久了，你没有做过任何让他难过的事……

一开始你可能会觉得这样做不舒服或很蠢——但练习得越多，就越容易做到！

有时候我们脑子里不友善的想法会变得很吵很吵，当它们出现的时候，我们很难忽视——如果能意识到它，就说明我们已经向提高自我价值感迈出了最大和最重要的一步！

当和那些不友善的想法战斗的时候，我们能做些什么呢？

我可以……

- 对自己说一些或写一些积极的话
- 用一条柔软的毯子裹住自己
- 喝杯水
- 吃点零食
- 休息一下
- 出去走一走
- 为朋友或家人做点好事
- 画画或给图画上色
- 动一动身体
- 玩一个需要动脑的游戏（比如数独或填字游戏）
- 做呼吸练习

练习：用画手印来恢复平静

深呼吸能让我们的头脑和身体都平静下来。

当你感觉遇到困难时，可以尝试做"手印呼吸"练习，具体方法如下：伸出一只手指，慢慢地描绘另一只手的轮廓——从拇指底部开始，沿着拇指向上、向下，再沿着食指向上、向下……当你的手指向上移动时，吸气；当你的手指向下移动时，呼气。继续下去，想做多久就做多久。

你也可以通过画出手形来做这个练习——向上画时，吸气；向下画时，呼气。尝试一下吧！

练习：回想我的闪光时刻

你能想起自己很勇敢的时刻吗？勇敢不仅仅是和老虎搏斗或者爬上一棵非常高的树，尽管做这些事情也很勇敢。真正的勇敢是，即使做某件事情（它可以是任何事情，从参加一项比赛到承认自己犯了错误）让你感到害怕，你依然会选择这样做，因为这是正确的事情。

我们能做的最勇敢的事情之一就是分享自己的感受。事实上，分享感受往往也是勇敢行动的第一步。说出"这让我感到害怕"可以让周围的人知道你的困难。

写出一段你很勇敢的经历吧：

练习：发现生活中的美好

每天花一点时间去感恩，这会帮助我们接受真实的自己，欣赏当下生活中所有美好的事物。

你能从字母表的每一个字母开始，写下你要感恩的事物吗？它可以是任何东西，或大或小！一段回忆，一个玩具，一个人，一个地方，一棵树……

A _____

B _____

C _____

D _____

E _____

F _____

G _____

H _____

I _____

J _____

K _____

L _____

M _____

N _____

O _____

P _____

Q _____

R _____

S _____

T _____

U _____

V _____

W _____

X _____

Y _____

Z _____

不敢做自己怎么办？

练习：想象我是一只小乌龟

阅读下面的文字，或让其他人以平静、温柔的声音读给你听，想象自己变成一只小乌龟。

想象你变成了一只乌龟。感受一下你的脚坚实地踩在地上，你的后背有坚硬的壳。你按照自己的速度走着，无论去哪里，你都带着自己的家。你的身体就是你的家，你是安全的。

你在一片草地上待了一会儿。你可以听到微风穿过野花和高高的草丛，发出沙沙的声响。你抬头仰望天空，它是明亮的蓝色，几朵蓬松的白云慢慢飘过。你可以闻到周围新鲜的空气。

你准备要小睡一会儿，所以你缩进自己的壳里。壳的里面是什么样子呢？墙上有图案吗？这里非常适合你，你感到安全和满足。你在这里想待多久就待多久，当你准备好之后，你可以伸展胳膊、腿，把头伸出壳。现在，你可以睁开眼睛，深吸一口气，然后回到现实生活中。

练习:穿一条"积极的"手链

遇到困难的时候,穿戴一些能够提示积极想法的物品会帮助我们更勇敢——你可以制作一串手链、钥匙环或者背包挂饰,帮助自己一整天都感觉坚强又自信。

仔细观察一下你挑选的珠子。注意它们的颜色和质地。你能把它们和积极的想法联系起来吗?例如,蓝色的珠子可以代表"我很平静",心形的珠子可以代表"我被爱着"——发挥想象力,这些联系只对你有意义就够了。

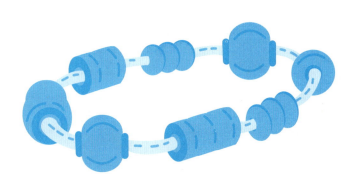

当你将珠子和积极的想法联系起来后，把它们穿在橡皮筋上。你可以选不同颜色和形状的珠子来搭配，也可以重复使用相同的珠子，按你喜欢的方式去做。在合适的位置打结，让手链的长度正好能绕你的手腕一圈。

现在，无论什么时候，只要你戴上它，就会想起与珠子相配的积极想法。每当被消极的想法困扰时，看一看或想一想你的手链。在下面的空白处写下你的积极想法。

"拼布"是指将许多不同的布料缝在一起，做成美丽多彩的毯子。虽然在许多方面我们都非常相似，但我们的感受、行为方式和做出的选择可能会大不相同！这是因为我们的个性是由我们在生活中看到的、听到的和做过的所有事情组成的——就像一块拼布。

格鲁认为遵守游戏规则很重要，当规则没有被遵守时，他会心烦意乱（也许是因为他曾因不遵守规则而毁掉了一场游戏，也许是因为格鲁的家人谈论了太多关于遵守规则的内容）。

对于格鲁的朋友菲斯来说，规则不那么重要，当有人试图让参与者遵守规则时，菲斯会感到苦恼（也许是因为菲斯之前没怎么玩过带有规则的游戏，也许是因为比起遵守规则，菲斯一家对有创造性的玩法更感兴趣）。

当我们的个性以这种方式发生冲突时，我们很难与他人相处！两个小怪兽之间没有对与错之分——他们只是对事物的看法不同。

如果我们了解彼此所有的记忆和经历，就会明白大家为什么有不同的行为方式。但是，要了解所有人是不可能的！所以最好的方法是善待自己和他人。如果某个人的行为伤害了你或让你感到苦恼，要知道这不是你的错。毕竟，我们都是"拼凑"而成的。

练习:谁是故事里的主角

每个人都是自己宇宙的中心,也是自己人生故事的主角。没有哪两个人以相同的方式看待世界,因为我们只能通过自己的眼睛,用我们自己拼凑的记忆和经历来真真切切地看待这个世界。

每个人都会以独特的方式感受身边发生的事。我们注意到不同的事物,感受不同的情绪,产生不同的想法。

这是格鲁的生日派对！格鲁的朋友皮普和博普送了格鲁同样的礼物。你能试着从下面两个角度讲述这个故事吗？

首先，试着从格鲁的角度讲故事。假如你是格鲁，你会注意到什么？会有什么感觉？会有什么样的想法？

现在，尝试从博普的角度讲述相同的故事。想象一下博普在派对上会注意到哪些事情，他会有什么感受和想法？

_____
_____
_____
_____
_____
_____
_____
_____

两个故事可能在某些方面大不相同，即使它们讲述的是同一件事！

练习：勇敢地表达感受

当你情绪激动时，你会有怎样的表现？你的内心感觉如何？你可以现在完成这项练习，也可以在感受到下列任何一种情绪的时候，或等事情过后再来做这项练习。

你可以写、画、涂鸦……使用颜色、诗歌……任何能够准确描述情感的方式都可以。

比如：

当我生气时……

在心里，我觉得自己就像一个正在旋转的旋涡。

从外表上看，我皱着眉头，抬高了我的声音。

当我担心时……

在心里，_____。

从外表上看_____。

当我开心时……

在心里，_____。

从外表上看_____。

当我伤心时……
在心里，_____。
从外表上看_____。

当我兴奋时……
在心里，_____。
从外表上看_____。

当我无聊时……
在心里，_____。
从外表上看_____。

如果你发现很难谈论自己的感受,为什么不使用表情符号呢?使用它们与家长、朋友或老师交谈可能比直接大声说出内心感受容易,尤其是在你感受到强烈、困难又复杂的情绪时。

高兴的　　　悲伤的　　　平静的

恼怒的　　　无法忍受的　　好玩的

前面的表情符号只是一小部分，它们可能不太适合你此刻的感觉。你能发明一些自己的表情符号，展示你现在的感受吗？

练习：坚定地说"不"

有些时候我们很难说"不",尤其是在我们认为可能会伤害别人的感情时。有时,我们甚至因为非常想说"不",但却说了"是",而伤害了我们自己的感情。

很多时候,说"不"是需要勇气的。练习带着善意说"不",会让你感到更勇敢。

如果你善意地说"不",但对方仍然试图把它变成"是",那就不必附和对方了。坚持你的"不",说一些类似"别说了,我不喜欢那样"的话。你可以传递善意,"不"这个词本身就足够了!如果有人伤害了你,或者做了一些让你感到不舒服或害怕的事情,你可以非常坚定地说"不"。

练习：记录每天的心情

记录下每天的感受有助于养成调节情绪的习惯。

问问自己"我感觉如何？"可以帮助我们保持真实的自我，了解自己的心情起伏——可以为每一种情绪或心情匹配颜色或符号，让它成为一把钥匙。

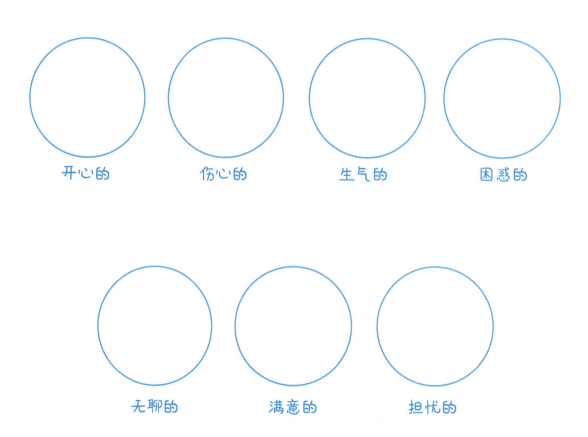

每天填一个方块，展示你那天的总体感受。

	一月	二月	三月	四月	五月	六月	七月	八月	九月	十月	十一月	十二月
1												
2												
3												
4												
5												
6												
7												
8												
9												
10												
11												
12												
13												
14												
15												
16												
17												
18												
19												
20												
21												
22												
23												
24												
25												
26												
27												
28												
29												
30												
31												

别人说你不好看怎么办?

你的身体无比美妙——它的每一个部位都刚好适合你，它每天都在努力工作，保证你可以呼吸、欢笑、学习和玩耍。

在小学阶段，你每年都会长高几厘米，进入青春期之后，你会发现身体发生了一些其他变化，这些变化有可能让你感到困惑、担心或尴尬，但这些感觉是完全正常的。每个人都经历过这些变化，你可以向任何一个你信任的朋友或大人谈论这些困扰你的事情。

在每个年龄阶段，你的身体都属于你自己。只要你不愿意，任何人都不可以看或摸你的身体。

你的脑海中可能会有一幅画面，它告诉你哪种身材是"好"的，哪种身材是"不好"的。但实际上，我们的身体本来就很美，它和我们的个性一样独特，而且恰好是适合我们自己的——不必听其他人怎么说！

照顾好身体——吃健康的食物，用让你感到快乐和有活力的方式去活动。倾听身体的信号，当有些事情让你不舒服、受伤害时，身体会告诉你。

练习：我的自画像

你能在下一页画出自己吗？请记住：你的肖像不需要完美、整洁或逼真，画法也没有"好"或"坏"。你可以使用铅笔、蜡笔、颜料、拼贴画……任何你喜欢的东西！

额外的挑战：你能把自己的情感和想法也在画中展现出来吗？它们可以通过颜色、图案等各种形式来表达。

练习：远离伤害自己的人

当我们的感情或身体受到伤害时，可能很难表现出来。有时候，表现得好像不介意似的会更容易、更舒服……好像自己的感受无关紧要。

事实上，我们的感情和身体感受的确很重要。如果有人伤害了你，不论有意还是无意，你都可以说出来，可以远离他们。对伤害你的人说"不"有时可能让你感到不舒服或不安全，所以如果出现这种情况，可以去找信任的朋友或成年人帮你解决。

如果你不知道怎么说，可以使用下面这些语句：

你能想到有人伤害你的身体或感情的时刻吗？当时发生了什么？你说了什么？你想说什么？在下面写下来或画出来。

也许你的外表、行为方式、感兴趣的事情或者思考的方式相当与众不同。永远不要因此感到难过。

有些人很难尊重那些与他们不同的人，包括不同的肤色、语言、健康状况、思维方式或观点。如果有人有这些问题，那并不需要你来解决。

骂人、排挤你、不与你分享或忽视你，都是不尊重人的行为——如果有人这样做，你可以离开他们。

我们的思想、身体和情绪都是相互关联的——当感受到强烈的情绪时，我们是在全身心地体会它们！

强烈而又难以处理的情绪（比如恐惧、恐慌、愤怒和悲伤）可能会像一股巨浪一样向我们袭来。当身体有这种感觉时，意味着大脑感觉到了危险（大脑天生就会将强烈的、难以处理的情绪视为威胁——即使它不能真正地伤害我们），神经系统正在非常努力地保护我们的安全。

> 神经系统由大脑、脊髓和遍及全身的神经组成——这就是我们身体的各个部位与大脑之间传递信息的方式，这里的信息包括我们看到、闻到、触摸到、尝到和听到的一切。

练习：努力平静下来

如果你感觉很激动，有很多方法可以让你冷静下来。脑干是将大脑与包括神经系统在内的身体的其他部分连接起来的器官，科学家们发现，有节奏的、重复的活动有助于使脑干平静下来，例如：

- 玩接球
- 击鼓
- 在蹦床上蹦蹦跳跳
- 用画手印来放松
- 散步 / 快步行走
- 抚摸动物
- 唱歌

练习：列一份"快乐互动"清单

我们都喜欢家人和朋友向我们展示他们有多爱我们，但各种方式让不同的人感受到的舒适程度并不相同。有些人喜欢被抚摸头发，有些人则喜欢收到体贴的礼物或听到鼓励的话语。

你能为你喜欢的人制作一个微笑指南吗？

想想当你悲伤、疲惫或生病时，你希望其他人怎么对待你，以及什么能让你感觉很棒或很开心。

下面是一些例子：

我喜欢妈妈在我看电视的时候给我盖上毯子。
我喜欢用傻傻的声音跟着音乐唱歌。
当我听到鼓励我的话时，我感觉棒极了。

在这一页（或单独的一页纸上）展示你喜欢的互动方式——你可以使用文字、图片、拼贴画、符号……任何你喜欢的形式！

完成后，向朋友和家人展示——他们甚至可能也会列一份属于他们的"快乐互动"清单！

和朋友闹别扭了怎么办?

虽然每个人都有独特之处，但人们在很多方面也是非常相似的。在内心深处，每个人都希望被善待——我们只是以不同的方式表现出来。因此，在学习如何做自己的同时，也要让别人做他自己。

练习：格鲁感觉怎么样

对别人抱有同理心意味着能够理解别人的感受，并想象自己在别人的处境中会有什么感受。通常情况下，我们可以通过观察别人来判断他们的感受，但也有失败的时候。有些人非常善于隐藏自己的感受！

让我们尝试理解格鲁的感受。下面是一些发生在格鲁身上的事。试着想象一下格鲁可能会有什么感受——把下面每种情境下格鲁可能会感受到的一种或多种情绪写出来。

格鲁在课堂上正确地回答了一个问题：_____。

格鲁的宠物病了，不得不去看兽医：_____。

格鲁正走在回家的路上，这时天开始下雨了：_____。

格鲁今天要参加一个生日派对：_____。
格鲁的朋友借走了格鲁最喜欢的玩具，但不小心把它弄坏了：_____
_____。
格鲁下周放假：_____。

在情感方面，我们非常相似，所以如果你能想象出自己在特定情境中的感受，那别人的感受也和你差不多。

当你身边的人有某种负面情绪（比如愤怒或悲伤）时，你感觉如何？圈出你的感觉。

我们可以感受到周围人的各种情绪，尤其是当其中有人情绪强烈时！有时坏情绪就像细菌，让我们的情绪也变得和他们一样。有时我们想安慰他们，有时我们想离开。这些感觉都是正常的！

练习：我和朋友的相同和不同

你有好朋友吗？你和你的朋友有什么共同点？或许你们有着同样颜色的头发、最喜欢的运动、最不喜欢的课……在这里写下或画出你们的共同点吧：

你能想到你和朋友之间有哪些不同之处吗？在这里写下来或者画出来：

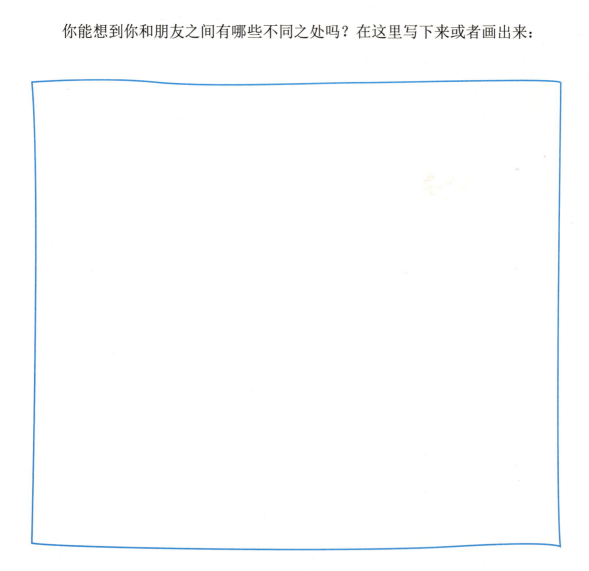

我们已经学到了很多关于如何为他人着想和欣赏人们之间差异的知识。下面是一项你可以与朋友或家人一起玩的游戏：

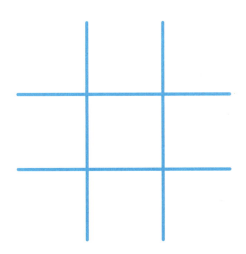

怎么玩：需要两名玩家。两名玩家分别选择一支不同颜色的钢笔或铅笔，轮流在每个方块上写一个自己最喜欢的东西（可以写下你最喜欢的食物、颜色、动物……可以是任何你能想到的东西）。最先把三个自己最喜欢的东西连成一排的人获胜。

这个游戏将帮助你们了解彼此，并且从中收获快乐！

练习：真诚又温柔地说出难以开口的话

有时朋友可能会征求你的意见，比如，他们想知道你对他们画的一幅画或他们的新发型的看法。如果你不喜欢它，要怎么办？

在这种情况下你很容易撒谎，尤其是当你觉得自己的看法可能会伤害朋友的感受时……

一个好方法是把难以开口的话做成一个"三明治"，在两件好事（面包）中间说一些棘手的东西（馅料）。例如：

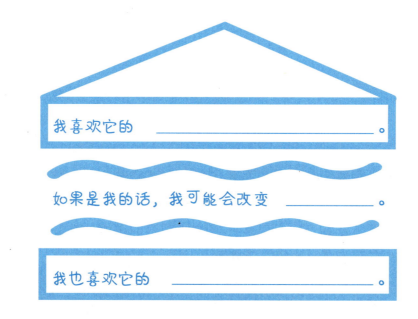

这样，你依旧保持着真诚，说出了你的真实想法，同时也照顾了朋友的感受。

你能想到什么时候你会对朋友说这种棘手的话吗?你能试着自己做一个"三明治"吗?

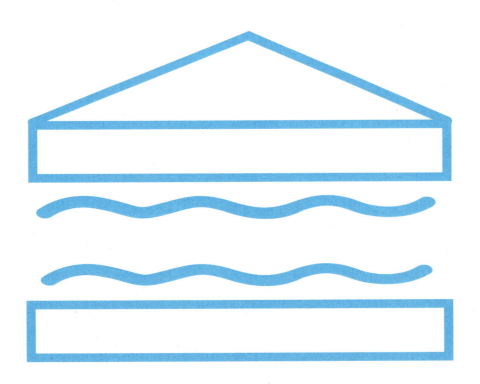

练习：勇敢地为错误道歉

有时我们会在无意中伤害朋友的感情，有些时候甚至是故意的。当人们在一起时，总会有意见不一致的情况，这时我们会想要各干各的或者马上激动起来。

当我们想要故意伤害别人时——也许是通过叫他的外号，试图让他感觉自己不够好，打或推搡他——就需要改正这一切。道歉和承认错误需要很大的勇气。尝试做三次深呼吸（这有助于身心平静下来，让我们更清晰地思考），告诉自己，任何人都会犯错！我们不会因为仅仅犯了个错就变成坏人。最重要的是怎样纠正错误。

在道歉时按照以下步骤去做，就能既照顾自己的感受，也照顾别人的感受：

我为＿＿＿＿＿＿＿＿＿＿＿＿＿＿＿感到抱歉。

我做错了，因为＿＿＿＿＿＿＿＿＿＿＿＿＿。

下次我会＿＿＿＿＿＿＿＿＿＿＿＿＿＿＿。

我怎样做才能让你感觉好些？

你能写下或画出一个你需要道歉的时刻吗？你感觉如何？你做了什么？下次你会有不同的表现吗？

练习：及时按下争论的"暂停键"

有的时候，朋友之间可能会互相伤害，分不清谁对谁错——也许谁都没错！

你可以尽最大努力照顾自己和他人的感受，但有时可能很难找到解决问题的方法，尤其是当你自己也感受到剧烈的情绪时！

当别人的感情因你所说的话或所做的事情而受到伤害时，并不总是意味着你做错了。而当大家都情绪激动的时候，暂停一下会有所帮助。

以下是一些缓和争论的方法：

- ♥ 做三次深呼吸
- ♥ 从一数到十
- ♥ 走出去看看窗外
- ♥ 在周围找到三个蓝色的东西

暂停能让我们的身体和心灵都平静下来，让我们更清晰地思考。如果能让所有人都加入，那就更好了！一旦感觉平静了，就试着去寻找问题的解决方法，而不是找出谁是罪魁祸首。

例如，当朋友陪你玩儿你喜欢的游戏，而他却不感到有趣时，可能会觉得无聊和沮丧。这时，与其忽视他的感受，不如按下暂停键，问问自己能做些什么来解决这种情况。在此处写下或画出你的想法：

万事开头难！格鲁刚刚加入了一个攀岩俱乐部——其他人都很擅长攀岩！格鲁觉得很尴尬并且想要退出。

格鲁忘记了，每个人刚开始学习时都做得很糟糕。从走路、说话到读书、写字，从骑自行车到使用电脑……我们都曾是初学者！

你擅长的事情是什么？你还记得第一次做这件事的情景吗？下面这个挑战将向你展示练习的力量：你能用左手写你的名字吗？（如果你平时写字就用左手，那就换右手来试试吧！）这真的很难！

但是，如果你继续练习，就会发现它变得越来越容易。在这里多写几次：

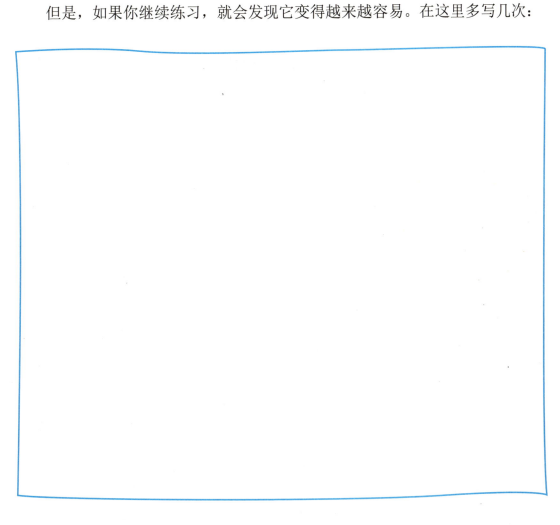

你是否发现自己写得更快了、字迹更工整了？通过练习，你可以掌握几乎所有新技能！

你可以做你自己。即使其他人觉得你与众不同或难以理解,那并不意味着你做错了什么。

展现真正的自我可能意味着有些人不喜欢你。这没关系。你并不适合所有人,也不是每个人都适合做你的朋友。我们会通过做自己找到适合的朋友!

感觉不幸福怎么办?

想象一下，如果你的呼吸会因为你的感觉而改变颜色，那幸福会是什么颜色的呢？恐惧或困惑呢？

格鲁正感到紧张和兴奋——虽然在人类的眼中，呼吸是看不见的，但在怪物的世界里，它是彩色的。例如，当格鲁感到紧张和兴奋时，它的呼吸是绿色、紫色和橙色的。

你能画出你自己的彩色呼吸吗？你可以按照自己的喜好决定使用多少种颜色。你甚至可以把图片举到脸前，呼气，想象你的呼吸有多种颜色。

练习：照顾好身体才会能量满满

当我们花时间照顾自己的身体、思想和情绪时，就是在向自己表达爱。自我价值感高的人会确保自己的身体和心灵拥有所需的一切，这样才能继续做自己，享受生活！

良好的、均衡的饮食有助于我们保持健康,让我们感受到最佳状态,并获得充足的能量。更重要的是,当我们吃得好时,就可以更容易地调节自己的情绪,更友好地对自己说话。

健康的饮食意味着均衡营养。吃最喜欢的食物和保持健康并不冲突。

水果

蔬菜

全谷物(如黑面包、燕麦和糙米)

蛋白质(如鸡蛋、鱼和豆腐)

有益健康的油(如橄榄油或椰子油)

我们的身体超过 60% 都是水，每次呼气、出汗、哭泣或上厕所时，我们都会失去一些水分。

孩子们每天至少需要喝六杯水才能维持水分充足，保持健康。当体内有足够的水时，我们会更容易感到平静、集中注意力、提高记忆力并找到乐趣。

本周挑战：每天喝八杯水！

每当你喝一杯水时，给下方的一个水滴涂上颜色，这样你就可以追踪和记录自己的饮水情况。

星期一	💧	💧	💧	💧	💧	💧	💧	💧
星期二	💧	💧	💧	💧	💧	💧	💧	💧
星期三	💧	💧	💧	💧	💧	💧	💧	💧
星期四	💧	💧	💧	💧	💧	💧	💧	💧
星期五	💧	💧	💧	💧	💧	💧	💧	💧
星期六	💧	💧	💧	💧	💧	💧	💧	💧
星期天	💧	💧	💧	💧	💧	💧	💧	💧

剪下这页时要小心!

充足的睡眠会让我们在一天里都感觉很好。熬夜看书、玩耍或思考是很诱人的，但如果睡眠充足，我们的大脑将为在白天做这些事情做更好的准备。

只有在睡觉的时候，我们的大脑才有机会把发生过的事情或我们一直在想的事情弄清楚。通常在睡前困扰我们的问题在睡个好觉后会变得更容易解决。

你有没有过入睡困难？试试用这个呼吸练习来帮助你放松：

闭上眼睛，用鼻子吸气，数到五，想象空气从头顶到脚趾尖，充满你的整个身体。

现在用嘴呼气，数到七，想象气体慢慢地从你的嘴里飘出，飘到夜空中。

继续，一直专注于你的呼吸……直到你睡着。

保持活跃——无论是走路还是跳舞，做运动还是爬树，任何事都行——都有助于让你的身体感觉良好。你可能没有意识到，它还可以帮助你的大脑感觉良好！

锻炼时，大脑会释放出特殊的化学物质，让我们全身都感觉更好。锻炼也是一种可以让我们不再心烦意乱的绝妙方法——当我们专注于自己的身体时，就可以暂时远离烦恼。

尝试每天至少一个小时保持活跃，做你喜欢的事情！

伸展运动有助于放松身体和思想。你能把身体摆成这些形状吗？看看当从1数到20时，你能否始终保持这个姿势。

正方形——用你的双手和膝盖，围成一个正方形。

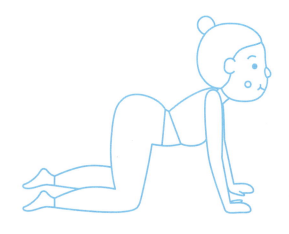

三角形——伸直腿，双手双脚平放在地面上，形成一个三角形。

矩形——双手和脚尖着地,让身体形成一条直线。

椭圆形——将膝盖缩在下巴下面,前额着地,将手臂放在身后,把自己缩成椭圆形。

什么是情感需求?它是我们需要感受到的一些东西,让我们在做自己时感到安全、良好——我们有时需要周围的人来帮助我们获得这些感受。

所有人都需要感受到:

- 💙 安全
- 💙 爱
- 💙 被理解
- 💙 被接纳

当我们感受不到这些东西时,就很难做自己。就像我们需要睡觉、吃饭、喝水和锻炼一样,我们也需要对与我们共度大部分时间的人感觉良好、稳定和安全。我们的家人、老师和朋友都会影响我们的情绪。

我们会做各种各样的事情来帮助自己感到安全、良好,有时是不假思索地去做。例如:

- 💙 要求一个拥抱或一次聊天
- 💙 故意弄出声响来引起父母的注意
- 💙 为父母或照顾你的人做些好事
- 💙 向大人确认你是安全的

向周围的人寻求关注、爱和安慰都是可以的。

练习：做自己最好的朋友

请记住，你应该受到善待。世界上没有任何人可以对你不好——包括你自己！

像和最好的朋友聊天一样与自己交谈，像对待最好的朋友一样对待自己。这意味着要看到自己最好的一面，做喜欢的事情，谈论生活中的好事与坏事。

最好的朋友会互相说些什么，为对方做些什么呢？你能在这里写下一些想法吗？

例如：倾听你说话，说好听的话，分享他们的甜点。

最好的朋友说了什么和做了什么

现在，你觉得有什么困难吗？是什么让你感到悲伤、担心或害怕？

你现在的生活中有哪些事情是进展顺利的?

练习：别怕去寻求帮助

格鲁在一道数学题上遇到了困难，但格鲁班上的其他人似乎都觉得他们的作业很简单！格鲁对寻求帮助感到非常害羞。

格鲁可能在想什么？

你会对格鲁说什么来帮助他更勇敢地寻求帮助?

当你觉得自己是唯一需要帮助的人时,寻求帮助真的很可怕!试着回忆一下我们之前学到的东西——想法并非事实。面对任何你觉得棘手的事情,你都可以寻求帮助,即使其他人看起来一点也不觉得这件事情很棘手——也许他们只是没有足够的勇气说出来!

练习：尝试随处可用的放松技巧

你应该有一些休息时间！为什么不放松一下，给下面的花涂上颜色呢？

花时间放松是保持身心健康的重要组成部分。为什么不尝试下面的放松练习呢？

- 💙 做伸展运动
- 💙 作一首诗
- 💙 读一本书
- 💙 选择一样东西把它画下来
- 💙 骑自行车
- 💙 玩橡皮泥或纸黏土

当我们不高兴时，就很难看到生活中美好的事物——没关系，你不必一直保持开心。

当你准备好要高兴一点儿时，找到一件美好的小事会有所帮助。

你能在这里列出一些在你情绪低落时，可以让你心情变好的事情吗？

它可能是一首歌的歌词、一种气味、一支用起来感觉很酷的笔……

向未来出发！

接纳自己时，我们相信自己会做出好的选择，在需要的时候鼓起勇气，并且永远善待自己。

练习：想象我将要做的事

今天晚些时候（或者明天）你会做什么？可能是做一些作业，和朋友一起玩游戏，或者重复日常做的事情。也许你可以选择做一些你觉得棘手或感到担心的事情。

你能想象自己正在完成这件事的情景吗？闭上眼睛，想象一下你现在就在那么做——不需要有任何不同的表现，做自己就好。现在想象一下，一切都很顺利。

你能把这个场景快速画下来或用几句话来描述吗?

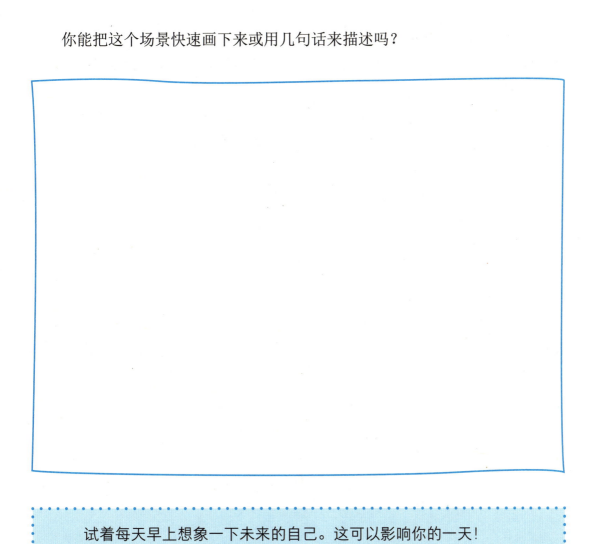

试着每天早上想象一下未来的自己。这可以影响你的一天!

练习：找到我的快乐基地

你能想到一个让你感觉快乐、安全和放松的地方吗？这是一个你可以完全做自己的地方，它可以是一个真实的地方，也可以是想象出来的地方，还可以是二者的混合。

花一些时间画出并写下这个地方。你赋予它的细节越多，感觉就越真实。然后，当你需要冷静、放松和保持自信的时候，想象自己就在这个快乐基地中。

在这里写下与你的快乐基地有关的事。试着运用你所有的感官感受它。

你能看到什么?
_____
_____

你能听到什么?
_____
_____

你能闻到什么?
_____
_____

你能感觉到什么?
_____
_____

你能品尝到什么?
_____
_____

在这一页画出你的快乐基地。你可以画一幅地图、一幅自画像、一幅风景画……任何你觉得合适的东西都可以！

练习：友好地和自己对话

你是如何与自己交流，如何谈论自己的呢？从你开始读这本书开始，它就发生了改变。

如果你和自己交流，或谈论自己时不友好，可以做的一件事就是改变使用的词语。把一句不友善的话稍微改变一下，让它变得更友善。

不友善的想法	让它变得更友善
例子：我很愚蠢	例子：我在竭尽全力

不友善的想法	让它变得更友善

你的朋友会用什么词来形容你呢?你可以自己猜一猜,或者让你最好的朋友填写这一页和下一页!

练习：填满我的激励盒子

在下一页写一些有助于提升自我价值感的内容。你可以将它们剪下来，放在罐子里或贴在剪贴簿里，当你感觉沮丧的时候拿出来看一看。（记得使用剪刀时要小心。）

收集赞美的话、名言、成就、快乐时刻以及其他任何让你感觉良好的东西,当你需要一点激励的时候可以利用它们。

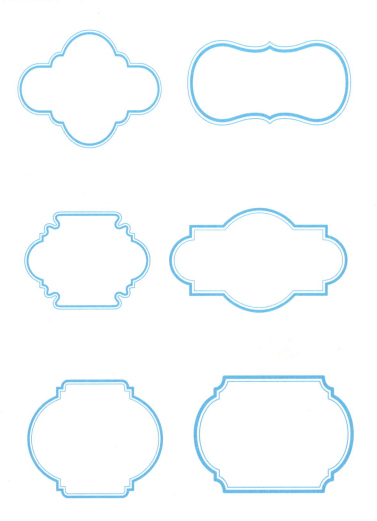

剪这个页面时要小心

虽然你在这本书中的练习即将结束,但这并不代表你要停止写关于你自己的事情、你喜欢的事情和你觉得棘手的事情。开始尝试写日记吧!你可以随身携带一个笔记本,随时写下你的想法。

一个记录每天生活的简单方法是:记下一件好的事情,一件你感觉困难的事情,还有一件一般的事情。请在下一页上试试吧!

今天发生的一件好事是_____
_____。
今天发生的一件困难的事是_____
_____。
今天发生的一件一般的事是_____
_____。

练习:"爱自己"的行动计划

当我感到沮丧、心烦或尴尬时,我能做些什么?我可以:

- 深呼吸
- 和我信任的人交谈
- 玩
- 画画
- 到户外去
- 体会我的感觉
- 友善地和自己交谈
- 把它写下来

在这本书中，我们谈到了：

- 你是多么的独特。
- 你可以表达你的真实感受。
- 你不需要为了得到善待和尊重而改变自己。
- 地球上的每个人都是独特的，同时，我们彼此之间又有很多共同之处。
- 你的身体和思想都是宝贵的，好好照顾它们是一项重要的工作。
- 清楚自己希望被如何对待，知道自己想要什么是很重要的！

在这本书中，你学到的最有趣或最令人惊讶的事情是什么？

格鲁在学习提升自我价值感和做自己的过程中度过了一段美好的时光。你是否也很享受这段时光呢？请记住：无论你是想要寻找一个提升自我价值感的练习，还是想向朋友解释自我价值感的概念，你都可以随时回看这本书。

你已经完成得非常好了，应该为自己感到自豪！别忘了让自己发光，一直做你自己！

致父母：
还可以做些什么

做自己是一件棘手且很难定义的事情。在我们的一生中，我们始终在改变、成长和发展，而孩子们的变化速度比成年人快很多！我们可以惊叹于孩子适应变化和新环境，面对挫折快速恢复的能力，但他们的独特性同样值得珍视和欣赏。有时孩子保持真实的自己意味着可以处理困难的情绪和想法。

帮助孩子培养健康的自我价值感的最好方法，就是以您自己为榜样。怀有善意和同情地与自己和他人交谈。尊重自己与他人的不同之处和相同之处。做自己，用一种开放的方式谈论自己的情感、观点和品味，让孩子学会分享他们自己的独特之处。

和孩子谈谈你作为父母之外的生活吧！让孩子看到您是一个完整而复杂的人，就像其他人一样，这会帮助孩子理解他们自己的复杂性。

当出现问题、犯错误、发生争吵或冲突时，尝试把注意力放在问题本身，而不是责备他人或是想办法避免问题的发生。仔细观察一下现在的情况，寻找问题的解决办法。

通过确认并接受困难情绪的方式，帮助孩子接纳它们。这些情绪是生活的一部分，不要尝试减少它们或试图说服孩子摆脱悲伤或恐惧。让孩子知道，他们可以正确感知这些情感，将帮助他们成长为自信、正直、人格健全的成年人。

和孩子谈论多样性，教导他们如何像尊重他们自己一样尊重其他人。如果您的孩子能够欣赏他们所遇之人的不同之处，那么他们也会更容易相信自己是独一无二的。

如果您的孩子很难接受并喜爱自己的某个特定方面，可以寻找一些具有同样特质并且能起到积极作用的榜样。孩子在这个世界看到越多自己的影子，就越不容易感到孤独。知道自己不是唯一一个以这样的方式感受、思考或看待问题的人是一种巨大的安慰，也可以消除很多对自我价值认知的阻碍。

在这个年龄阶段，孩子想要融入集体并像其他同龄人一样的愿望很强烈，所以对孩子温柔一些，让他们用自己的方式解决问题。尽量不要嘲笑他们追求的时尚或改变他们的品味——想想自己年轻时是什么感觉！做自己，也让孩子做他自己。即使孩子的选择对于您来说并不总是有意义的。

我真诚地希望您和孩子认为这本书有用。当您的孩子处于挣扎状态时，他是很艰难的。而此时如果您能肯定他们的感受，帮助他们建立自我价值感，就是一件很棒的事情。您的孩子很幸运有您陪伴着他们。

进一步的建议

偶尔的、短期的自我价值感下降是正常的。然而，如果孩子的自我价值感开始干扰他们的日常生活，那么最好和医生谈谈这件事。

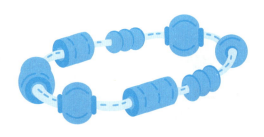